AF562041

Exposition Internationale d'Anvers
1885

SOCIÉTÉ HAVRAISE
DE
TRITURATION
ET
EXTRAITS DE BOIS

A GRAVILLE-HAVRE (FRANCE)

(Seine-Inférieure)

J. DOUTRELEAU & Cᵒ

Brevetés en France, Allemagne, Angleterre et Belgique

Marque de Fabrique

(Déposée)

EXPOSITION INTERNATIONALE D'ANVERS

1885

SOCIÉTÉ HAVRAISE

DE

TRITURATION ET EXTRAITS DE BOIS

I

CONSIDÉRATIONS GÉNÉRALES

La fabrication des extraits de bois de teinture et des extraits tannants constitue une des branches les plus intéressantes de l'industrie. Cette fabrication a pris naissance en France et s'est répandue de ce pays sur certains points de l'étranger. En ce qui concerne la fabrication des extraits de bois de teinture, c'est au Havre, à Rouen et autour de Paris que les premiers établissements ont été créés et cela à une date déjà assez ancienne. Les premières fabriques d'extraits pour la tannerie ont été fondées à Lyon et n'ont été en quelque sorte que la transformation de celles existant déjà auparavant pour la préparation des extraits de bois de châtaignier pour teinture; en effet, les premiers extraits tannants qui aient été fabriqués industriellement en France ont été ceux de bois de châtaignier. Cette fabrication se répandit depuis dans l'Italie du Nord et en Savoie, pays dans lesquels le châtaignier croît abondamment. A une époque beaucoup plus récente, on a commencé à fabriquer dans l'Ouest de la France des extraits de châtaignier au moyen des bois croissant dans cette région et par divers procédés plus ou moins perfectionnés tendant tous à éliminer la plus grande partie de la matière grisâtre qui est inhérente au bois du châtaignier. Cette fabrication a acquis actuellement une importance considérable, non seulement par la quantité des extraits qui se fabriquent et se consomment, mais encore par la qualité remarquable des cuirs qu'on en produit.

Ce résultat tient pour beaucoup au perfectionnement des appareils à extraction et à l'amélioration des méthodes employées. Il faut y ajouter encore un plus grand empressement de la part de la tannerie pour les perfectionnements et les innovations. Nous ne voulons certes pas dire que la tannerie s'est décidée à rompre avec l'ancienne routine, mais seulement qu'elle s'est montrée plus disposée à faire des essais dans des voies nouvelles.

En même temps que l'extrait de châtaignier faisait lentement son chemin, un grand industriel du Havre introduisait en France une matière tannante depuis longtemps connue dans l'Amérique du Sud et employée par les Indiens pour le tannage ; cette matière est le *bois de quebracho* dont il sera plus loin question d'une manière détaillée. En 1867, un tanneur français établi à Buenos-Ayres exposait à Paris des cuirs tannés au quebracho, pour lesquels le jury le distingua en lui décernant une médaille d'argent. Ce fait rendu public attira l'attention des industriels et des importateurs, aussi voyons-nous la matière tannante en question commencer à attirer l'attention du public intéressé six à sept ans après l'exposition de Paris. La tannerie commença alors à employer le bois moulu de quebracho ainsi que l'extrait préparé avec ce bois par les procédés usités pour la fabrication des extraits de bois de teinture. Depuis lors l'usage de ces matières s'est progressivement augmenté et répandu dans toute l'Europe, surtout en Allemagne et en Russie.

Malgré le nombre considérable des matières tannantes connues et dont on peut voir l'ensemble dans la classification publiée par M. Bernardin, à Melle-lez-

Gand, la tannerie n'emploie encore en grand qu'un nombre limité de ces matières ; cela tient aux circonstances commerciales, géographiques et économiques qui restreignent plus ou moins la production, l'importation et l'emploi des produits naturels. Ainsi nous ne pouvons citer que les produits suivants comme matières tannantes employées en grande quantité : Écorce de chêne, écorce de faux sapin, bois de châtaignier, bois de chêne, écorce d'hemlock, bois de quebracho, cachou, écorce de mimosa, valonées, dividivi, myrobalans, knopperns et sumac. De toutes ces matières, c'est le quebracho qui fournit le tannin au plus bas prix et même de beaucoup comme on le verra plus loin en parlant du « Tannant supérieur » dont il forme la base. Bien que la plupart de ces substances se prêteraient à la fabrication des extraits, il n'y a que les bois de quebracho, de châtaignier et de chêne qui permettent par leur prix et leurs propriétés de produire des extraits d'une manière économique et avantageuse à la fois pour le fabricant et le consommateur.

Si nous considérons maintenant la fabrication des extraits de bois de teinture, nous voyons que cette fabrication s'est répandue un peu partout et que la concurrence qui en résulte l'a rendue des plus infructueuses. A part quelques fabriques travaillant assez en grand pour pouvoir apporter à leur fabrication tous les perfectionnements que permettent la science actuelle et l'avancement de la mécanique, on trouve une quantité de petits fabricants dont l'unique préoccupation semble être l'abaissement graduel des prix. Tous ils disparaissent du marché l'un après l'autre, ne laissant à cette branche d'industrie que le souvenir du mal qu'ils lui ont fait. La liste des extraits tinctoriaux est très grande, aussi n'avons-nous pas l'intention de la reproduire ici. Il suffira de dire qu'à l'instar des autres fabriques, nous produisons les extraits de campêche, de bois jaune, de bois rouge, de quercitron, de sumac, etc. Ces articles joints à nos extraits tannants et aux bois moulus pour tannerie et pour teinture, forment l'ensemble de notre fabrication dont notre exposition donne une idée parfaitement claire et facile à saisir. Nous aurions pu exposer avec un grand luxe et chercher à flatter l'œil du visiteur sans l'instruire. Nous avons préféré exposer pratiquement et suivre l'avis de M. le Commissaire général de la République française qui nous dit dans sa circulaire du 1er Juillet 1884 : « Peut-être les fabricants français négligent-ils » trop d'exposer des produits d'aspect plus modeste, » d'un prix moins cher, mais de qualité solide cependant et de consommation courante qui sont souvent » ceux qui donnent lieu aux transactions les plus » nombreuses et aux affaires les plus fructueuses. » Vous apprécierez s'il ne convient pas de donner à » votre exposition un caractère positif et pratique. » En effet, au lieu d'exposer une vitrine splendide remplie de beaux flacons, une vitrine ambulante se présentant toujours la même à toutes les expositions, nous avons préféré présenter au public nos produits en nature tels que nous les vendons, nos produits bruts tels que nous les recevons et les applications qu'en fait le consommateur. Ces produits ainsi exposés aux regards et à l'appréciation de tous en disent plus eux-mêmes que la plus belle vitrine sortant du meilleur atelier de menuiserie. Nous pensons avoir réussi à donner à notre exposition un caractère de sincérité commerciale et d'utilité éminemment pratique.

II

L'USINE DE GRAVILLE

L'Usine J. Doutreleau et Cie est située à Graville, juste à la sortie de la ville du Havre et à une faible distance des bassins de cette ville maritime. Elle occupe une superficie considérable nécessitée par les quantités souvent énormes de bois tannants et de teinture qu'on est obligé d'acquérir et d'empiler d'avance. La superficie totale de l'usine est de 25,000 mètres carrés ; celle des bâtiments est de 4,000 mètres carrés. La vapeur servant à actionner les machines à couper les bois et à l'extraction de ces derniers est produite par quatre générateurs puissants. La force motrice est transmise par une machine de la force de 350 chevaux. Enfin l'extraction des bois et la purification des extraits sont atteintes par des procédés brevetés qui sont la propriété de l'établissement.

III

DESCRIPTION DES OBJETS EXPOSÉS

Notre exposition peut être considérée comme formée de deux parties bien distinctes : celle qui concerne la tannerie et celle qui concerne la teinture. Nous allons passer ces deux groupes successivement en revue. Commençons par les matières premières servant à la tannerie.

QUEBRACHO, nom formé de deux mots espagnols : *quebra* (briser) et *hacho* (hache), pour indiquer l'extrême dureté de ce bois qui met rapidement hors d'usage les instruments les plus tranchants. — L'arbre qui fournit ce bois est le *Loxopterygium Lorentzi* Gr. appartenant à la famille botanique des Anacardiacées, famille très riche en végétaux tannants et qui compte entr autres les divers sumacs, les galles de Chine et du Japon, celles de pistachier, etc. Le quebracho croît en très grande quantité dans la République Argentine, au Brésil, au Paraguay ; il est expédié en Europe en chargements considérables consistant en troncs d'arbres de 4 à 5 mètres de longueur et d'un diamètre variant de 20 à 70 centimètres. Ce bois renferme en moyenne 20 % de tannin, 15 % d'humidité, 1.5 % de matières minérales, 9.5 % de diverses matières extractives autres que le tannin ; le reste est du ligneux. Les bois de quebracho arrivent dépouillés de leur écorce et de leur aubier, parties presque exemptes de tannin et par conséquent inutiles. La densité de ce bois est très forte car elle atteint 1,320; c'est dire qu'un mètre cube de bois de quebracho pèse 1,320 kilogrammes, tandis qu'un mètre cube d'eau pèse 1,000 kilog.; un mètre cube de bois de châtaignier pèse 450 kilog., et un mètre cube de bois de chêne 550 kilog. Un mètre cube d'écorce de chêne ne pèse que 300 kilog. On voit par ces quelques chiffres que dans la pratique il est toujours bon de tenir compte de telles données, surtout là où les marchandises sont employées à la mesure par les ouvriers tanneurs.

Le bois de quebracho a deux applications en tannerie, d'abord comme bois moulu pour remplacer le tan moulu, puis comme extrait pour produire instantanément des jus aussi forts qu'on les peut désirer, servant à abreuver les fosses ou à tanner le cuir à la flotte. Comme bois moulu, on en livre deux moutures de forme différente pour la tannerie : une mouture fine s'employant comme la poudre de tan de chêne ou comme la valonée en poudre et une mouture lamelleuse et mince qui est notre spécialité et remplaçant le tan fibreux dans toutes ses applications. Cette dernière mouture ne renferme pas de poudre, elle n'est donc pas sujette à bourrer les cuirs, et sa faible épaisseur lui donne la propriété précieuse de s'épuiser entièrement et sans difficulté même à froid dans les fosses. Nous la recommandons tout particulièrement à l'attention des tanneurs auxquels nous sommes prêts à donner sur ce sujet toutes les explications désirables. La moyenne des titres des meilleurs écorces de chêne employées en France est de 10 % de tannin; le titre garanti du quebracho moulu de n'importe quelle forme est de 20 % de tannin; en négligeant même les avantages résultant des frais moindres de transport et de manutention, le tanneur aura intérêt à employer un produit riche en tannin coûtant en réalité moins que l'écorce de chêne et surtout bien moins que la plupart des autres matières tannantes actuellement sur le marché. Ainsi, en ce moment, 1,000 kilog. de quebracho moulu se vendant 140 francs et renfermant 200 kilog. de tannin, c'est du tannin à 70 centimes le kilog., tandis que 1,000 kilog. d'écorce de chêne coûtent 90 fr. et renferment au plus 10 0/0, soit 100 kilog. de tannin revenant à 90 centimes le kilog.; pour la plupart des autres matières tannantes la comparaison est encore plus favorable au quebracho. Maintenant hâtons-nous de dire qu'il n'est point question de mettre de côté l'écorce de chêne pour employer le bois moulu ou l'extrait de quebracho ; bien au contraire, ces deux matières loin de se combattre s'unissent admirablement et se complètent l'une l'autre, ce qui est connu de tous les praticiens qui ont eu l'occasion de les employer. Le quebracho, par l'intensité qu'il donne au tannage, est un excellent adjuvant des écorces à tan faibles comme il y en a beaucoup. Il aide ainsi à constituer un mélange de force convenable ne saisissant pas les cuirs, bien que puissant, et on évite ainsi de laisser affamer les cuirs dans du tan de basse qualité, comme cela n'arrive que trop fréquemment.

La seconde application, aussi importante, du quebracho, est la fabrication des extraits tannants dans la composition desquels entre ce bois ; nous y reviendrons en parlant de l'*Extrait tannant supérieur*.

Bois de Châtaignier. — L'arbre qui fournit ce bois est le *Castanea vesca* DC appartenant à la famille botanique des cupulifères, famille qui compte entr'autres les divers chênes ; les valonées, le rove, etc. Le fruit de cet arbre est la *châtaigne*, appelée improprement à Paris et ailleurs du nom de *marron*, désignation n'appartenant en réalité qu'au fruit du *marronnier*, arbre bien différent, usité partout comme arbre d'ornement de la famille botanique des Hippocastanées. Le châtaignier croît dans certaines régions de la France abondamment, ainsi que dans le nord de l'Italie, sur les versants méridionaux des Alpes, en Savoie, en Sardaigne, dans les Pyrénées. Les tanneurs emploient quelquefois le bois de châtaignier moulu de la même manière qu'ils emploient le tan de chêne, mais le titre en tannin, même des meilleurs bois, n'est jamais que moitié de celui de l'écorce de chêne. Ici arrive le contraire de ce qui se passe avec le bois de quebracho. Le tanneur, qui par suite de circonstances locales ou d'expériences personnelles favorables, fait usage du bois de châtaignier, pauvre en tannin, fera bien de compenser la faiblesse de ce bois par l'adjonction de l'extrait « Tannant supérieur » employé comme adjuvant pour renforcer. L'application la plus étendue du châtaignier est la fabrication de l'extrait pour tannerie et pour teinture. Nous y reviendrons bientôt en parlant de ces extraits. Le bois de châtaignier est représenté dans notre exposition par un tronçon d'environ 80 ans. Le titre en tannin de ce bois est de 4 $^{1}/_{2}$ pour cent.

Bois de Chêne. — L'arbre fournissant ce bois pour l'usage de la tannerie est le chêne ordinaire, *Quercus Robur* L., dans les deux variétés communes en Europe, le chêne à fleurs pédonculées et le chêne à fleurs sessiles. Dans cet arbre tout sert à la tannerie, l'écorce et le bois. C'est l'écorce qui renferme le plus de tannin, et dans le bois c'est le cœur qui en est le plus riche. Le titre en tannin du bois de chêne varie beaucoup plus selon les circonstances que celui du bois de châtaignier. On peut en employer la mouture au tannage, mais elle n'est pas usitée ; on en fait des extraits jouissant des mêmes propriétés générales que ceux du châtaignier.

Ayant décrit les produits bruts pour tannerie, représentés chacun à l'Exposition par un tronçon d'arbre de belle qualité moyenne, nous allons examiner dans le même ordre les extraits qui en sont fabriqués.

Extrait tannant supérieur. — Malgré les nombreux avantages incontestables du quebracho à l'état d'extrait, il est bien certain et avéré qu'employé complètement seul ou mis à l'état d'extrait par les procédés habituels le quebracho présente certains inconvénients qui n'ont pas échappé aux praticiens. Dès lors il était naturel de chercher à fabriquer, en se servant aussi du quebracho, un extrait réunissant les avantages de ce bois mais dépouillé de ce qu'on pourrait appeler ses fautes. Le produit répondant à ces exigences est celui auquel nous avons donné le nom de « *Tannant supérieur* » voulant ainsi indiquer sa supériorité sur les produits similaires du commerce et empêcher qu'on ne le confondit avec les extraits de quebracho ordinaires.

Notre produit est donc un extrait tout à fait spécial et qui, comme toute chose, employé avec discernement, donne des résultats excellents que pourront constater les tanneurs en examinant les cuirs exposés, et qui sont tannés avec notre extrait. Le meilleur moyen de faire juger d'un produit c'est de placer à côté de lui l'application qu'on en fait. Donc ici l'extrait, et là le cuir tanné ; le praticien jugera.

Nous livrons le *Tannant Supérieur* sous deux formes : à l'état SOLIDE, en caisses d'environ 120 kil. net, renfermant 24 pains, et à l'état PATEUX à 30 degrés Baumé, en fûts d'environ 220 kil. net.

Le titre en tannin de l'*Extrait Solide* est de 68 à 70 o/o ; celui de l'*Extrait Pâteux* de 52 à 54 o/o. Les deux Extraits se dissolvent facilement dans l'eau et de préférence dans les vieux jus de tan légèrement chauffés.

Mode d'emploi en Tannerie

Le principal obstacle à un large emploi des Extraits en tannerie est le manque de modération et le désir du tanneur d'aller très vite en besogne ; ceci est un tort ; plus les Extraits sont riches, moins il en faut mettre pour commencer. Un cuir bien passé est vite tanné. Ce qui est vrai pour le tan et le temps l'est, aussi et même davantage pour les Extraits; cela ne veut pas dire qu'il faille autant de temps pour tanner à l'Extrait que pour tanner au tan ; mais, il ne faut absolument pas saisir le cuir, car alors on ne produit, même avec l'Extrait, qu'un cuir creux, sans poids, et de mauvaise apparence.

On commencera par mettre les cuirs bien purgés de chaux dans un bain composé de vieux jus de tan et d'un peu d'extrait. Le tanneur peut employer à sa volonté l'Extrait Solide ou l'Extrait Pâteux, qui ont tous deux exactement la même composition, et ne diffèrent que par la quantité d'eau qu'ils renferment. Dans les tanneries organisées à la vapeur rien n'est plus simple que de dissoudre de l'Extrait dans du vieux jus au moyen d'un barboteur de vapeur, cela n'a besoin d'aucune explication. D'autre part, dans les tanneries qui n'ont pas encore introduit l'usage de la vapeur, il convient de dissoudre les extaits de la manière suivante :

Dans une chaudière en cuivre et à peu près au tiers de la hauteur à partir du bas, on place un double fond en bois percé de trous sur lequel on met la quantité d'Extrait qu'on se propose de dissoudre ; on remplit la chaudière aux deux tiers, toujours avec des vieux jus peu colorés et on chauffe. L'Extrait, en se dissolvant, passe par les trous du double fond, on remue continuellement avec un bâton et la dissolution étant opérée on se sert du liquide comme si c'était une décoction de tan.

100 Kil. d'Extrait Solide et 800 litres d'eau donnent un jus à *cinq degrés Baumé* environ, et qu'on peut réduire plus ou moins par additions successives de vieux jus selon le besoin.

100 Kil. d'Extrait Pâteux et 500 litres d'eau donnent un jus également à *cinq degrés Baumé*.

Ceci dit pour orienter ceux qui se servent encore de l'aréomètre de Baumé, nous allons indiquer le proportions à garder pour la dose d'Extrait à ajouter chaque jour au bain ; il est bien entendu que ces doses peuvent varier dans certaines limites selon l'espèce du cuir à tanner et le poids des peaux. Bain : 1000 litres de vieux jus. Peau en tripes 250 kil.

Jours	Quantité	
1er jour	1 Kil. Extrait Solide	Si l'on emploie l'Extrait pâteux il en faudra mettre la moitié en plus que de solide.
2me jour	1 » » »	
3me à 6me inclusiv. chaque jour,	1 Kil. 500	
7me à 10me » » »	2 —	
11me à 14me » » »	3 —	
15me à 18me » » »	4 —	
19me à 22me » » »	6 —	
23me à 26me » » »	7 —	
27me à 30me » » »	8 —	

A partir du 26e jour le tanneur devra voir quel est le progrès du tannage et s'il doit continuer à ajouter de l'Extrait ou non. Si le tannage est suffisamment avancé on laissera les cuirs encore 8 à 10 jours dans ce bain en ayant soin de les remuer souvent, comme du reste pendant toute la durée du tannage. Le tanneur devra soigner ses cuirs comme cela se fait d'habitude. Au bout de 8 à 10 jours de repos dans le bain on mettra les cuirs au tan de Chêne en fosse pendant 10 jours afin de leur donner un toucher et une fleur d'agréable apparence. Chaque addition d'Extrait se fera en prenant pour dissoudre de l'Extrait du bain dans lequel plongent les cuirs. On sortira ceux-ci pour faire l'addition et on les rentrera après avoir bien remué. Pour ceux qui tannent habituellement au tan, nous recommandons les dissolutions d'Extraits pour tremper les fosses.

Des cuirs tannés au « *Tannant Supérieur* » sont exposés et tout visiteur intéressé peut en recevoir un échantillon. Nous attirons l'attention sur les cuirs tannés chez Mme Ve CHESNAY, à Magny-en-Vexin et qui sont une preuve de la supériorité de notre produit. Notre extrait « *Tannant Supérieur* » est très apprécié en Tannerie ; nous pouvons le dire sans exagération, c'est ce que prouve la grande et continuelle extension qu'a prise ce produit et son emploi dans des tanneries importantes et sachant bien se rendre compte de leurs prix de revient.

La grande supériorité de notre extrait « Tannant Supérieur » ne gît pas seulement dans *l'extrême modicité du prix* du tannin qu'il renferme et qui ne revient qu'à 90 centimes le kilogramme, mais surtout dans le fait que notre extrait ne donne *aucun dépôt ou sédiment à froid*, tandis que les extraits similaires du commerce, après avoir été dissous dans l'eau chaude, laissent déposer par le refroidissement une immense quantité d'une matière boueuse et rougeâtre. Notre produit est *entièrement utilisable*, c'est à dire qu'il entre en totalité et sans résidu dans la composition du cuir. C'est là un avantage qui sera certainement apprécié de la tannerie. Voici la composition de notre extrait à l'état solide : Tannin 75 %; Sels minéraux provenant du bois lui-même 1 %; Matières extractives du bois, autres que le tannin 10 %; Eau de constitution 14 %. En jetant un simple coup-d'œil sur la composition de cet extrait, il est facile à quiconque possédant quelques notions de tannerie de voir que cet extrait est bien ce qui a été jusqu'ici livré à l'industrie *de plus pur*, *de plus fort* et *de plus approprié* aux opérations du tannage.

Extrait de Châtaignier pour tannerie. — Nous préparons cet extrait pour tannerie seulement sous la forme liquide, mais à deux degrés de concentration : 20 degrés Baumé et 25 degrés Baumé. Par un procédé qui nous est spécial et que nous avons fait breveter, nous décolorons et clarifions ces extraits dans les limites du possible et sans en affaiblir le titre en tannin. On emploie les extraits de châtaignier pour tous les usages ; c'est ce que font voir les applications sur cuir que nous exposons en même temps. Ces cuirs ont tous été tannés avec nos extraits. Les voici :

Un côté vache lissée de pays ;

Un côté vache lissée de pays après 30 jours de fabrication ;

Un côté vache en croûte après 30 jours de fabrication ;

Un côté cuir fort de pays jusé tanné de fond.

Un côté cuir fort étranger usé tanné de fond ;
Deux capotes en croûte pour vernir ;
Un côté bœuf en cuir noir ;
Un côté bœuf en cuir jaune ;
Moutons de Paris ;
Chèvres du Cap, du Levant, d'Alger.

Le connaisseur verra en examinant ces cuirs que la qualité en est excellente et le tannage bien réussi. Ces avantages que n'offrent pas les extraits ordinaires de châtaignier du commerce et qui sont dûs à la purification dont nous avons parlé, contrebalancent le prix de l'extrait qui pourrait paraître un peu élevé à première vue. Mais n'est-il pas préférable et plus rationnel de payer d'emblée un peu plus cher un produit donnant un résultat assuré et d'éviter ainsi de nombreux déboires?

Les **Extraits de Chêne** sont préparés dans les mêmes conditions que ceux de châtaignier ; leur application est la même, aussi n'avons-nous pas besoin de répéter ce que nous venons de dire.

La deuxième partie des objets formant notre exposition concerne la teinture. Nous exposons des bois, des extraits et quelques applications sur fibres textiles ainsi que sur fourrures.

L'emploi des bois tinctoriaux et des extraits pour teinture est si universellement connu depuis longues années qu'il serait inutile de s'y arrêter ; nous mentionnerons cependant un fait important à connaître, c'est que contrairement aux idées généralement répandues le développement immense des couleurs d'aniline n'a point nui à l'emploi des bois et des extraits tinctoriaux comme on aurait pu s'y attendre. L'industrie qui a ces bois pour base a, au contraire, subi une augmentation considérable depuis la découverte des couleurs d'aniline. Pour les transports à grande distance on emploie généralement les extraits tinctoriaux, réduisant ainsi les frais de chemin de fer qui sont très considérables. En effet, la moyenne de rendement des bois tinctoriaux de toute sorte en extrait sec varie de 10 à 15 pour cent. En faisant voyager des bois, c'est donc un transport inutile de 85 à 90 pour cent de matière liqueuse qu'on s'impose. A cet égard, les extraits sont meilleur marché que les bois pour les teintures, éloigné des ports de mer. Malgré cela on rencontre beaucoup de teinturiers dont la méfiance vis-à-vis des extraits est très grande ; cela vient du fait qu'ils ont fait leurs achats chez des gens ne méritant aucune confiance ; dès lors, ils ne veulent acheter que du bois effilé, papillotté, moulu ou coupé de bout. Pour faire face à ces demandes, nous avons inventé et construit une machine spéciale pour couper le bois de teinture d'une manière extrêmement avantageuse pour le teinturier qui préfère employer le bois, et nous sommes en mesure de livrer nos bois de teinture sous une forme des plus favorables à l'extraction chez le teinturier. Nous sommes prêts à fournir à toutes les demandes des échantillons de nos moutures et à des prix défiant toute concurrence.

Nous exposons donc des bois de campêche en diverses moutures, du bois jaune, du bois rouge, du Santel, du Calliatour, du Lima, du Camwood, du Fustel. Les diverses coupes et moutures ont leur raison dans la diversité des appareils employés pour la teinturerie ; mais nous recommandons surtout la coupe spéciale de notre machine et prions les consommateurs de s'adresser exclusivement à nous pour en avoir.

Extrait de Campêche garanti pur. — Nous exposons cet extrait dans les caisses habituellement employées pour les expéditions, ainsi que nous l'avons fait aussi pour les autres extraits de notre fabrication. Cet extrait est garanti pur jus du bois de campêche concentré jusqu'à siccité. Il se distingue donc avantageusement des sortes commerciales bon marché renfermant des additions de toutes sortes ajoutées pour en diminuer le prix.

Cet extrait est surtout employé dans la teinture en noir qui en consomme des quantités énormes. On l'emploie aussi pour teindre les fourrures, et les visiteurs de l'Exposition pourront voir à côté de nos extraits de très belles fourrures teintes dans la maison PROFITLICH & FILS, à Unkel-sur-Rhin. L'emploi de l'extrait de campêche sur étoffes pour doublure et sur fils de coton est aussi illustré par des étoffes et des fils de l'insdustrie rouennaise.

Extrait de Bois jaune. — Comme pour le précédent extrait, nous livrons et exposons celui-ci à l'état solide et à l'état liquide, respectivement en caisses de 120 kilog. net et en fûts de toutes dimensions. L'extrait de bois jaune est peu employé seul, mais son application en mélange avec d'autres couleurs est très importante. Il en faut pour produire des noirs bien nourris ; on ne peut même pas s'en passer pour cela.

Extrait de Bois rouge. — Nous faisons ces extraits avec les diverses sortes de bois rouge, selon les demandes de la consommation. Nous exposons comme type l'extrait liquide de bois de Lima et l'extrait sec du même bois. De même que le précédent, cet extrait ne s'emploie que très rarement seul, mais bien en mélange avec d'autres extraits colorants.

Extrait de Sumac. — Cet extrait est destiné à remplacer le sumac en feuilles pour le mordançage des cotons et aussi pour la teinture en noir. Il se recommande par sa force en même temps que par l'extrême modicité de son prix.

Extrait de Châtaignier pour Teinture. — Cet extrait ne diffère de celui pour tannerie que par une plus grande quantité de matière colorante. Ainsi que nous l'avons dit déjà, la consommation en tannerie ne veut que des extraits peu colorés et privés de diverses matières extractives naturelles au bois ; en teinture, c'est le contraire, l'extrait de châtaignier est surtout employé pour le noir sur soie et principalement pour donner du poids à cette fibre textile. On emploie donc pour cela l'extrait du bois sans lui faire subir aucun traitement ni aucune purification.

En résumé, nous livrons à la consommation tous les bois de teinture coupés, effilés et moulus, ainsi que tous les extraits dans les meilleures qualités possibles.

Comme addition à nos articles pour tannerie, et pour satisfaire aux nombreuses demandes des tanneurs que nous avons l'honneur d'avoir pour clients, nous avons organisé la fabrication en grand du *dégras* de première qualité. Nous prions donc notre clientèle de s'adresser à nous pour cet article que nous lui fournirons à des prix aussi modérés qu'il sera possible.

Toutes demandes de marchandises, d'échantillons ou de renseignements doivent nous être adressées directement à Graville-Havre. Nous nous ferons un plaisir d'y répondre sans délai.

J. DOUTRELEAU & Cie

Le Havre. — Imp. Ed. Vattier.

AVIS IMPORTANT

Nous prions de vouloir bien s'adresser :

Pour l'Extrait " **TANNANT SUPÉRIEUR** "
Et la **MOUTURE DE QUEBRACHO**,

En France :

à MM. J. DOUTRELEAU & Cie, Graville-Havre.

En Allemagne, Belgique, Hollande, Suède et Norwège, Russie et Pologne :

à M. Max LEVINSTEIN, Berlin W. 49 Französische strasse.

En Angleterre et Ecosse :

à MM. DE CLERMONT & DONNER London S. E. 43, St-Thomas street.

Pour les **EXTRAITS DE CHATAIGNIER** et de **CHÊNE**,

à MM. BOSSIÈRE & DESPORT, Paris, 7, rue de l'Entrepôt.

Pour les **BOIS ET EXTRAITS TINCTORIAUX** et pour tous Renseignements

à MM. J. DOUTRELEAU & Cie, Graville-Havre.

www.ingramcontent.com/pod-product-compliance
Lightning Source LLC
LaVergne TN
LVHW020454230826
846091LV00008BA/3192
9782013667197